創価学会員への折伏教本　分冊版⑤

創価学会を脱会しよう！

日蓮正宗宗務院

目次

凡　例

一、本書は『創価学会員への折伏教本』（平成十六年刊）から、各論の第五章から第六章までを抄録したものである。

一、本文中に引用した書名の略称は次のとおりである。

御　書――平成新編日蓮大聖人御書（大石寺版）
聖　典――日蓮正宗聖典
達　全――日達上人全集
富　要――富士宗学要集

一、本書では、同じ漢字でも仏教用語と一般用語とで、読み方を変えている。

【例】悪口（あっこう・あっく・わるくち）
歓喜（かんぎ・かんき）
懺悔（さんげ・ざんげ）
正義（しょうぎ・せいぎ）
罰（ばち・ばつ）

第五章　創価学会の間違いに気づいていながら脱会できない学会員に

一、組織ぐるみの仕返しがこわいから脱会できない

「脱会するとイジメられるのがこわい」と思うあなたは、現在の学会のイジメ体質を十分《じゅうぶん》に認識《にんしき》しているのでしょう。しかし、あなたは学会の仕返《しかえ》しを恐れる前に、自分が何のために信心をしているのか、もう一度初心《しょしん》に立ち返《かえ》って考えてみる必要があります。

「学会の仕返し」といっても、せいぜい悪口《わるくち》をいわれたり、あるいは一時《いちじ》期《き》、幹部が自宅に押しかけてくるという程度です。学会員が家に押しかけてきたときには、屋内《おくない》への立ち入りを拒否《きょひ》し、退去《たいきょ》を命ずればよいのです。もし、それでもいうことを聞かなければ、警察に通報《つうほう》することも一つの方法です。

大切なことは、毅然《きぜん》とした態度《たいど》で、明確に訪問《ほうもん》を拒否《きょひ》することです。

また、学会員が繰《く》り返し押しかけてくるような場合には、指導《しどう》教師や法華

講員の同志《どうし》に連絡《れんらく》すれば、適切《てきせつ》な対応《たいおう》を取る体制になっていますから、安心して相談してください。

　創価学会を脱会した多くの人が、「学会にいた当時は、学会の影響力《えいきょう》はすごいものだと思っていたが、脱会してみると、学会は所詮《しょせん》、社会に孤立《こりつ》する閉《へい》鎖《さ》集団であり、学会員からの悪口などは取るに足《た》らないものであることがわかった」との感想を述べています。

　また、創価学会に所属している人は、自分への批判に対しては、非常に敏《びん》感《かん》であり臆病《おくびょう》になっています。それは、偏《かたよ》った情報によって操《あやつ》られる閉鎖《へいさ》集団に身を置《お》くうちに、組織への依存心《いぞんしん》が強くなり、「一人立ち、一人行く」という気概《きがい》を失っているからです。

　要するに学会員は皆、真実を正視《せいし》する勇気を失《うしな》い、本当の意味での生命力が衰《おとろ》えているのです。

　今、多くの法華講員が、創価学会の妨害《ぼうがい》を乗り越《こ》えて脱会し、正しい信心修行にたくましく邁進《まいしん》しています。あなたも、「各々《おのおの》師子王《ししおう》の心を取り出《い》だして、いかに人をどすともをづる事なかれ」（聖人御難事《しょうにんごなんじ》　御書一三九七ジペー）との御金言《きんげん》を心に刻《きざ》んで、非難中傷《ひなんちゅうしょう》をものともせず、勇気をもって脱会し、正法広布の道を歩んでください。

二、御本尊にめぐり合えたのは池田名誉会長と創価学会のおかげだから脱会できない

これまで自分が信心をすることができたのは「池田名誉会長と創価学会のおかげ」といって感謝するあなたは、人間として恩義《おんぎ》を大切にする人柄《ひとがら》なのでしょう。

人間は人生のなかで数多くの恩を受けているものです。しかし、多くの恩《おん》恵《けい》のなかで、何が一番根本となるのかを考えなければなりません。

あなたは、せっかく値《あ》いがたき御本尊にめぐり合えたのですから、御本仏日蓮大聖人の教えに従《したが》った根本の報恩《ほうおん》感謝の道を歩むべきです。

日蓮大聖人は、

「末代《まつだい》の凡夫《ぼんぶ》、三宝《さんぼう》の恩を蒙《こうむ》りて三宝の恩を報《ほう》ぜず、いかにしてか仏道を成《じょう》ぜん」（四恩抄　御書二六八ジペー）

と仰せです。

三宝とは、日蓮大聖人とその御当体《ごとうたい》である本門戒壇《かいだん》の大御本尊、そして日興上人をはじめとする御歴代《れきだい》上人であり、この三宝はすべて、富士大石寺に正しく伝えられています。あなたが恩を感じているという創価学会は、もともと会員の信心を育成《いくせい》するために設《もう》けられた信徒団体であり、現在のような、池田大作の権力《けんりょく》や学会の利権《りけん》を守るためのものではなかったのです。

あなたがかつて人生の師と仰《あお》いだ池田大作は、すでに三宝破壊《はかい》・血脈否定《けちみゃくひてい》など、大聖人の仏法に反逆《はんぎゃく》する大謗法《ほうぼう》者となっています。こうした邪師《じゃし》に恩を感じて学会に身を置いておくことは、大聖人の教えに背《そむ》くことになり、あなた自身も悪業《あくごう》を積むことになります。

「師なりとも誤《あやま》りある者をば捨《す》つべし」（曾谷殿《そやどの》御返事　御書一〇三九㌻）

との御金言《きんげん》どおり、あなたは今すぐ学会を脱会すべきです。

三、創価学会員に世話になっているから脱会できない

あなたは「創価学会員に世話になっているから脱会できない」といいますが、あなたにとって第一に考えなければならないことは、あなた自身の永劫《えいごう》にわたる真の幸福を築《きず》くことではないでしょうか。

真の幸福は、正しい仏法を受持《じゅじ》信仰しなければ決して得《え》られません。個人的な人間関係のなかで、恩があったからといって、それに執着《しゅうじゃく》し、正しい仏法の道をおろそかにすることは、自身の幸せを放棄《ほうき》することになります。

日蓮大聖人は、

「今生《こんじょう》の恩愛《おんあい》をば皆《みな》すてゝ仏法の実《じつ》の道に入る、是《これ》実に恩をしれる人なり」

（聖愚問答抄《しょうぐもんどうしょう》　御書四〇一ジペー）

と仰せられています。「仏法の実の道」とは、御本仏日蓮大聖人の教えに従《したが》い、大聖人の御当体《とうたい》である本門戒壇《かいだん》の大御本尊を信仰することです。

創価学会は、この大御本尊と日蓮大聖人の教えに反《はん》して謗法《ほうぼう》を犯《おか》しているのですから、世話になった学会員への真の恩返しは、まずあなたが勇気をもって脱会し、それらの人を正法に導《みちび》くことなのです。

四、創価学会員から「反逆者」「恩知らず」との烙印《らくいん》を押されたくないから脱会できない

世間では、いかがわしい暴力団や不良グループを離《はな》れ、正常な社会人として立ち直ろうとする人に対して、元《もと》の仲間《なかま》から「反逆者《はんぎゃくしゃ》」「恩知《おんし》らず」と罵倒《ばとう》されることもよくあるようです。もし、それを恐《おそ》れて、正常な社会人として立ち直ることをためらう人がいるならば、あなたはその人に、どのような忠《ちゅう》告《こく》をするでしょうか。おそらくあなたは、どんなに罵倒されようとも、それに負けず、勇気をもって立ち直るよう忠告するのではないでしょうか。

あなたが創価学会を脱会するに際《さい》して、たとえ学会員から「反逆者《はんぎゃく》」「恩《おん》知らず」などと罵《ののし》られたとしても、それによってあなたが本当の反逆者・恩知らずになるわけではありません。

むしろ仏法の道理に背《そむ》き、御本仏日蓮大聖人に反逆する創価学会こそ、邪悪《じゃあく》な恩知らずの集団なのです。ですから、あなたが創価学会と決別《けつべつ》して正しい道を歩みはじめることによって、心ない学会員から恨《うら》みの言葉を投げつけられたとしても、そのようなものは、謗法の毒気《どっけ》に狂った者たちの世迷言《よまいごと》ですから、まったく歯牙《しが》にかける必要のないものです。そのような悪口《わるくち》は、かえってあなたにとって名誉《めいよ》なことというべきです。

正しい仏法を信仰するとき、あなたは「反逆者」「恩知らず」どころか、さらに立派な人格者となっていくことを確信してください。

五、生活や商売・仕事に差し支えるから脱会できない

あなたが今、学会の間違いを知りながら生活や収入《しゅうにゅう》のことを心配し、学会を脱会できないでいるならば、あなたは目先《めさき》の損得《そんとく》にとらわれて、信仰本来《ほんらい》の目的を見失《みうしな》っていることになります。

本来、私たちが信心を始めた目的は、真の幸福である成仏の境界《きょうがい》を築《きず》くことにあったのです。

日蓮大聖人は、

「今既《すで》に得難《えがた》き人界《にんがい》に生《しょう》をうけ、値《あ》ひ難《がた》き仏教を見聞《けんもん》しつ、今生《こんじょう》をもだして《黙止》は又何《またいず》れの世にか生死《しょうじ》を離《はな》れ菩提《ぼだい》を証《しょう》すべき」（聖愚問答抄《しょうぐもんどうしょう》　御書四〇二㌻）

と仰せられ、せっかく人間として生まれたうえは、唯一《ゆいいつ》の正法である南無妙法蓮華経を受持《じゅじ》し成仏することが、もっとも大切であると教えられています。

もしも現世の生活を優先《ゆうせん》させ、日蓮正宗の正しい信仰を持《たも》たなければ、今は平穏《へいおん》であっても、未来には悪道《あくどう》の苦しみを受けることは間違いないのです。

正法を受持し、誠意《せいい》を尽《つ》くして仕事に励《はげ》むとき、必ず世間の評価《ひょうか》も高まり大きな信用《しんよう》を得《え》て、立派《りっぱ》に生計《せいけい》を立てることができるものです。

大聖人は、

「『所願虚《しょがんむな》しからず亦《また》現世に於《お》いて其《そ》の福報《ふくほう》を得《え》ん』と。又云《またい》はく『当《まさ》に現世《げんぜ》に於《お》いて現《げん》の果報《かほう》を得《う》べし』等云云」（南条殿御返事　御書九四八ジペー）

と、法華経の御文を引用して正法受持《じゅじ》の功徳を述べられています。

脱会した法華講員のほとんどが、創価学会員からのいやがらせをものともせず、正しい信仰の功徳と自身の努力によって、見事な実証《じっしょう》を示していることを知るべきです。

六、創価学会本部の職員なので脱会できない

あなたは何《なん》のために入信し、本部職員《しょくいん》になったのですか。初めから生活の糧《かて》を得《う》るために、本部職員になったのではなかったはずです。正法興隆《こうりゅう》・広宣流布という高い志《こころざし》をもって、本部職員になったのではありませんか。

真実の正法は富士大石寺にまします本門戒壇《かいだん》の大御本尊と、宗祖大聖人以来の血脈《けちみゃく》の仏法以外にはありません。また、真の広宣流布とは、日蓮正宗の教義を弘めること以外にありません。

創価学会の本部に勤務する職員は、今まで、自分たちがもっとも忌《い》みきらってきた邪宗教団《じゃしゅうきょうだん》の職員になっているのであり、池田大作の正法破壊《はかい》行為の手伝いを職業としているのですから、本部職員の罪業《ざいごう》は一般会員の比《ひ》ではありません。

本部職員が脱会すれば職を失うことになるでしょうが、いかなる困難《こんなん》をも乗り越える覚悟《かくご》で、日蓮正宗の信徒として信仰に励《はげ》むとき、必ず大御本尊の大利益に浴《よく》し、諸天善神《しょてんぜんじん》の加護《かご》があることを確信すべきです。

宗祖日蓮大聖人は、数多くの迫害《はくがい》のなか、身命《しんみょう》を捨《す》てて正法流布に尽《つ》くされました。この尊い大聖人の御精神を、一分《いちぶん》なりともあなたがもっているならば、いつまでも大謗法《ほうぼう》の創価学会に身を置いて、謗法与同《よどう》の生活を続けるべきではありません。

日蓮大聖人は、

「我等現《われらげん》には此《こ》の大難《だいなん》に値《あ》ふとも後生《ごしょう》は仏になりなん」

（聖人御難事《しょうにんごなんじ》　御書一三九七ジペー）

と励《はげ》まされています。

一日も早く、勇気をもって正法受持の第一歩を踏《ふ》み出してください。

七、友人のほとんどが創価学会員なので脱会できない

創価学会員として長い間過《す》ごしてきた人は、友人のほとんどが学会員であることが多いようです。それは学会という特殊《とくしゅ》な閉鎖《へいさ》集団なればこその現象《げんしょう》といえましょう。そのようななかにあって、真の友人ならばあなたが脱会したいと思っている胸中《きょうちゅう》を理解してくれるはずです。

しかし現在の創価学会員は、学会の洗脳《せんのう》によって「創価学会を離《はな》れる者は裏切《うらぎ》り者、恩知《おんし》らず」との考えに凝《こ》り固まっていますから、あなたが脱会して法華講員になれば、学会内の友人は遠ざかり、陰《かげ》であなたを中傷《ちゅうしょう》することでしょう。しかし、このような人は、初めから真の友人などではなかったのです。

創価学会の脱会者に対する悪口《わるくち》や中傷は、他の会員を脱会させないための

常套《じょうとう》手段なのです。

すでに脱会して法華講員になった人は、一様《いちよう》に「脱会して初めて創価学会の悪辣《あくらつ》さが身に染《し》みてわかった」と語っています。

日蓮大聖人は、

「悪友《あくゆう》は謗法《ほうぼう》の人々なり。善友《ぜんゆう》は日蓮等《ら》の類《たぐい》なり」

（御講聞書《おんこうききがき》　御書一八三七ジベー）

と仰せられ、謗法の者は「悪友」であり、正法を信受する人こそ「善友」であると教えられています。「類《るい》は友を呼ぶ」という言葉もあるように、あなたが日蓮正宗の清浄《せいじょう》な仏法を信仰するならば、今まで以上のすばらしい「善友」ができることを確信してください。

また、あなたが今まで親《した》しくしてきた学会の友人を大切に思うならば、まずあなたが正しい仏法に帰依《きえ》したうえで、その友人を正法に導《みちび》いてあげるべきです。それが仏法の道理に適《かな》った真の友情なのです。

八、家族が創価学会員なので、脱会すると家庭内に争いが起きる

初めて御本尊を受持するとき、多くの人は、一時的にせよ、家族や親類《しんるい》、友人などから反対されたのではないでしょうか。

そうしたなかでも正法を護持《ごじ》することの大切さを知り、勇気をもって正法に帰依《きえ》したのです。この一人の決意《けつい》によって、やがて家族も正しい信仰を理解し、入信して御本尊の功徳に浴《よく》したはずです。

もし、家庭内の反対やいさかいを心配《しんぱい》して入信しなかったならば、その家は御本尊の功徳に浴することはできなかったでしょう。

あなたが、創価学会の誤《あやま》りに気がついて脱会すれば、創価学会員である家族は反対し、家庭内に波風《なみかぜ》が立つかもしれません。だからといって、それを恐れて脱会しないでいるならば、家族を正しい仏法に導《みちび》く機会《きかい》を失ってしま

います。たとえ、一時の対立やいさかいがあったとしても、あなたが強い決意をもって創価学会を脱会し、正しい信仰を貫《つらぬ》いてこそ、大御本尊の功徳をいただき、家族の真の和楽《わらく》と幸せを築くことができるのです。

日蓮大聖人は、

「目連尊者《もくれんそんじゃ》は母の餓鬼《がき》の苦《く》をすくい、浄蔵《じょうぞう》・浄眼《じょうげん》は父の邪見《じゃけん》をひるがえす。此《これ》よき子の親の財《たから》となるゆへぞかし」（千日尼《せんにちあま》御返事　御書一四七八㌻）

と仰せられ、まず自身が正法に帰依し、さらに身内《みうち》の人を正法に導《みちび》くことが大切であると教えられています。

あなたが法華講員として正しい指導のもとに信仰に励《はげ》み、家族を慈《いつく》しむならば、家族はあなたの判断《はんだん》が正しかったことを必ず理解してくれるはずです。

九、日蓮正宗の宗門や僧侶が信用できないから脱会しない

あなたが「宗門や僧侶は信用《しんよう》できない」という根拠《こんきょ》がどこにあるのかわかりませんが、おそらく創価学会が喧伝《けんでん》しているような、宗門への誹謗《ひぼう》や僧侶個人に対する悪口雑言《あっこうぞうごん》をもととして、不信感《ふしんかん》を抱《いだ》いているのでしょう。

世間には「火のないところに煙《けむり》は立たない」という言葉がありますが、創価学会の手口《てぐち》は、まさに「火のないところに無理《むり》やり煙を立たせる」ものであり、これは、池田大作の「嘘《うそ》も百遍いえば本当になる」との考えによるものです。

現在、創価学会が執拗《しつよう》に繰《く》り返している宗門誹謗や僧侶攻撃《こうげき》は、宗門僧侶を貶《おと》め、日蓮正宗の仏法から会員を遠ざけるための謀略《ぼうりゃく》であり、その内容のほとんどはデマ捏造《ねつぞう》の類《たぐい》です。

日蓮正宗は、七百五十年の間、本門戒壇《かいだん》の大御本尊の御威光《いこう》のもと、御歴《れき》代《だい》上人による正法厳護《げんご》の尊い御苦心《くしん》によって、今日まで日蓮大聖人の仏法を正しく伝えている唯一《ゆいいつ》の宗団です。この宗門の願いは正法興隆《こうりゅう》と広宣流布であり、全民衆の幸せにあります。とりわけ、宿縁《しゅくえん》深くして正法に帰依《きえ》した法華講員の信心倍増《ばいぞう》と罪障消滅《ざいしょうしょうめつ》、さらには即身成仏《そくしんじょうぶつ》のために、宗門はあらゆる努力《どりょく》をしています。

御当代《とうだい》御法主日如上人は、毎朝の丑寅《うしとら》勤行において、妙法による世界の平和と民衆の幸せを御祈念《きねん》され、また、創価学会の心ない誹謗中傷《ちゅうしょう》を御一身《ごいっしん》に受けながらも、本宗僧俗を正しい信仰に導《みちび》くために、常に尊《とうと》い御指南《しなん》をされています。

また、日蓮正宗の僧侶といえども凡夫《ぼんぶ》の身ですから、欠点《けってん》もあり、ときには勘違《かんちが》いもありますが、僧侶としての使命《しめい》を果《は》たそうとする一念《いちねん》に偽《いつわ》りはありません。

この宗門・僧侶の道念《どうねん》を信頼《しんらい》していただきたいのです。

あなたは創価学会の誤《あやま》りに気づいたのですから、身にそなわった仏縁《ぶつえん》を無《む》にすることなく、安心して日蓮正宗寺院を訪《たず》ねてください。そこから必ず真の幸せを築《きず》く道が開かれることでしょう。

十、宗門と創価学会が仲直りするのを待っているので脱会しない

結論《けつろん》からいいますと、日蓮正宗が創価学会を再《ふたた》び信徒団体として認めることは絶対にありません。

創価学会では「日顕（上人）が退座《たいざ》して、立派《りっぱ》な法主《ほっす》が現《あら》われれば、学会員は大石寺に参詣《さんけい》できるようになる」といって会員をつなぎ止《と》めています。

しかし、日蓮正宗の藤本総監《そうかん》は、平成六年八月二十日の講頭《こうとう》・副講頭指導《しどう》

会の折《おり》、

「宗門は、この創価学会の破門《はもん》によって、大謗法《ほうぼう》団体創価学会を宗門から永久追放《えいきゅうついほう》に処《しょ》したのであり、再《ふたた》び宗門と創価学会が、話し合ったり、和解《わかい》して元《もと》どおりに復《ふく》するということは絶対にありません」

（大日蓮　平成六年十一月号六九ジペー）

と公表《こうひょう》しています。

これは、宗門において、永久に変わることのない正式決定《せいしきけってい》です。

創価学会の犯《おか》した罪は、仏法上きわめて重大なものであり、それを改《あらた》めないどころか、会員を宗門攻撃《こうげき》にかり立てる創価学会の姿は、もはや日蓮大聖人の仏法に対する正しい信仰を、完全に放棄《ほうき》したことを物語《ものがた》っています。それゆえに創価学会が、日蓮正宗の信徒団体としての資格《しかく》を喪失《そうしつ》したのは当然《とうぜん》のことなのです。

ですから、あなたが「宗門と学会が仲直《なかなお》りするのを待《ま》っている」といって、いつまでも創価学会にとどまっているならば、かけがえのない人生を無駄《むだ》にするばかりでなく、謗法の罪障《ざいしょう》を積《つ》み重ねることになるのです。
速《すみ》やかに脱会し、正法に帰依《きえ》すべきです。

十一、宗門や僧侶の悪口をいってしまったので、いまさら脱会できない

いかに創価学会の指示に従《したが》ったからといっても、正法を護持《ごじ》する宗門や僧侶を誹謗《ひぼう》した罪《つみ》は非常に深いものであり、その意味であなたは大きな過《あやま》ちを犯《おか》したというべきです。

日蓮大聖人は、

「人の地《ち》に依《よ》りて倒《たお》れたる者の、返《かえ》って地をおさへて起《た》つが如《ごと》し」

（法華初心成仏抄《ほっけしょしんじょうぶつしょう》　御書一三一六ページ）

と仰せられ、正法に背《そむ》いた者は、正法を受持することによって、初めて罪を消滅《しょうめつ》させることができると御教示《きょうじ》されています。

今までの正法誹謗の罪を消滅するためには、あなた自身が速《すみ》やかに、日蓮大聖人の御当体《ごとうたい》たる本門戒壇《かいだん》の大御本尊を信じて正統の血脈《けちみゃく》に随順《ずいじゅん》し、懺悔《ざんげ》滅罪《めつざい》の心をもって信心修行に励《はげ》まなければなりません。

あなたは、「宗門や僧侶を誹謗してきたので、いまさら日蓮正宗の信徒になれないのではないか」と思っているようですが、そのような心配《しんぱい》はいりません。あなたが心から懺悔し、正法による成仏を願うならば、日蓮正宗の僧俗は快《こころよ》く迎《むか》え入れてくれるでしょう。

なお御書の中には、初め大乗《だいじょう》仏教を誹謗した小乗《しょうじょう》の論師《ろんし》・世親菩薩《せしんぼさつ》が、のちに改心《かいしん》して大乗教に帰依《きえ》したとき、兄の無著《むじゃく》菩薩から、罪を滅《めっ》するためには「汝其《なんじそ》の舌《した》を以《もっ》て大乗を讃歎《さんだん》せよ」と諭《さと》されたことが説かれています。

日蓮大聖人は『光日房御書《こうにちぼう》』に、
「小罪《しょうざい》なれども懺悔《さんげ》せざれば悪道《あくどう》をまぬかれず。大逆《だいぎゃく》なれども懺悔すれば罪きへぬ」（御書九六二ジペー）
と仰せられています。
あなたが犯《おか》した正法誹謗の罪も、正法を受持し、心から懺悔して唱題・折伏を行ずるとき、初めて消滅させることができるのです。

十二、「友人葬」を行ったから脱会できない

親族の葬儀《そうぎ》を「友人葬《ゆうじんそう》」で行《おこな》った創価学会員の中には、
「これで創価学会から離《はな》れられなくなった」
「葬儀で創価学会員のお世話《せわ》になった」

「お寺へ行くのが気まずくなった」

「今さら正宗寺院で法事などはしてくれないだろう」

などと思い込んで、学会の誤《あやま》りに気づいていても脱会できない人がいるようです。

謗法《ほうぼう》の集団である創価学会による「友人葬」と称《しょう》する葬儀は、御本仏日蓮大聖人の教えに背《そむ》く儀式《ぎしき》であり、それによって弔《とむら》われる故人《こじん》が成仏することはありません。

葬儀は、人生最期《さいご》の儀式であり、親交《しんこう》のあった方々と今生《こんじょう》のお別《わか》れをする儀式ですが、もっとも大事なことは、故人を成仏の境界《きょうがい》に導《みちび》くところにあります。ですから、故人の成仏を第一に考えるべきであり、そのためには正しい妙法によって故人を供養《くよう》しなければなりません。

「友人葬を行ったから、学会から離れられなくなった」ということは、「もはや改宗《かいしゅう》できなくなった」ということでしょう。しかしその考えは誤《あやま》りです。

日蓮大聖人は、

「法の邪正《じゃしょう》を分別《ふんべつ》して其《そ》の後《のち》正法に付《つ》いて後世《ごせ》を願へ」
（守護国家論《しゅごこっかろん》　御書一五三ジペー）

と仰せられ、仏法の正邪《せいじゃ》を分別《ふんべつ》し、邪法《じゃほう》を捨《す》てて正しい仏法に帰依《きえ》することが大切であることを御教示されています。

故人の成仏も、あなたの今後の人生も、創価学会を脱会して日蓮正宗の信徒となることによって、すべては開かれていくのです。

したがって、「葬儀の折《おり》に、創価学会員に世話になった」とか、「創価学会の葬儀を行《おこな》った以上は、そのあとの法事《ほうじ》なども創価学会に依頼《いらい》しなければならない」といって、どこまでも過《あやま》った創価学会に執着《しゅうじゃく》することは、故人の成仏のためにも、自身の人生のためにも、決して良い結果をもたらすものではありません。

また、「友人葬で親族を弔《とむら》ったから、お寺に行くのが気まずくなった」などと考えることはあなたの思いすごしにすぎません。

日蓮正宗の僧侶は、一切の衆生を成仏に導く御本仏日蓮大聖人の教えを、身に体《たい》して修行しているのですから、慈悲《じひ》の心をもってあらゆる人々に対応《たいおう》しています。安心して正宗寺院を訪《たず》ねてください。

したがって、あなたが「正宗寺院では、友人葬で弔った故人の法事をしてくれないのではないか」などと心配する必要もないのです。創価学会を脱会し、日蓮正宗の信徒となったうえで、故人の戒名《かいみょう》や法事を願い出るならば、正宗僧侶は快《こころよ》くこれを受け、日蓮大聖人の教えに則《のっと》った正しい法要儀式を行ってくれることでしょう。

葬儀に限《かぎ》らず、創価学会で行《おこな》っている冠婚葬祭《かんこんそうさい》はすべて、御本仏日蓮大聖人の教えに背く儀式であり、それによって真の成仏や幸福を得《え》られることはないのです。

一日も早く創価学会を脱会し、正しい信仰によって真の成仏と幸福を願っていきましょう。

ちなみに創価学会の墓苑《ぼえん》に墓をもっている方が、創価学会を脱会したからといって、墓を返却《へんきゃく》しなければならないということはありません。ですから、学会の墓苑に墓があるからといって、脱会をためらうことはないのです。

第六章　日蓮正宗に疑問を感じている創価学会員に

一、日蓮正宗は、いまや「日顕宗」になっているのではないか

創価学会は、日蓮正宗を「日顕宗」と呼び、あたかも以前の日蓮正宗とは異《こと》なった宗門であるかのように会員を欺《あざむ》いています。しかし「日顕宗」などという宗派《しゅうは》は、世界中のどこを探《さが》しても存在《そんざい》しません。

創価学会がなぜ、日蓮正宗を「日顕宗」と呼ぶのかといえば、

○日蓮正宗の歴史・教義・信仰のすべてを否定《ひてい》し、宗門を貶《おとし》めるため
○日蓮正宗が、宗祖日蓮大聖人よりも日顕上人を教祖《きょうそ》のように崇《あが》める集団に変質《へんしつ》したと会員に思わせるため
○日顕上人が、創価学会を破門《はもん》した張本人《ちょうほんにん》であると会員に思わせ、会員の憎《にく》しみを日顕上人お一人に集中させるため
○創価学会が、信奉《しんぽう》してきた日蓮正宗の歴史・教義・信仰などのすべてを

会員の目から覆《おお》い隠《かく》すため

○会員に日蓮正宗への恋慕《れんぼ》の心を捨《す》てさせ、宗門攻撃《こうげき》の罪悪感《ざいあくかん》を薄《うす》めるため

などの理由が挙《あ》げられます。

しかし日蓮正宗は、第二祖日興上人以来の血脈法水《けちみゃくほっすい》にもとづき、日蓮大聖人の教えを現在まで正しく伝承《でんしょう》している唯一《ゆいいつ》の教団であり、教義信仰のすべてにおいて何ら変わってはいません。したがって、日顕上人の代《だい》になって宗門が変節《へんせつ》したなどということはまったくないのです。

むしろ、この世に実在しない「日顕宗」などという集団名を作り上げて、日蓮正宗を貶める創価学会こそ、日蓮大聖人の仏法を破壊《はかい》し、広宣流布の前進を阻《はば》む卑劣《ひれつ》な謗法《ほうぼう》集団であり、邪宗《じゃしゅう》「池田教」というべきです。

二、宗門では、正法興隆に貢献した「池田先生」を
なぜ呼び捨てにするのか

宗門の僧侶や法華講員が池田大作を呼び捨てにするのは、恨《うら》みや憎《にく》しみなどの感情によるものではありません。

自《みずか》らの慢心《まんしん》によって日蓮正宗から破門《はもん》された池田大作は、多くの学会員を誑《たぶら》かして仏法破壊《はかい》の道にかり立てています。このような悪業《あくごう》の張本人《ちょうほんにん》であり、邪宗教の教祖《きょうそ》となった池田に対して、宗門は敬称《けいしょう》をつける必要をまったく認《みと》めていないのです。むしろ学会員はもちろん、宗門の内外の人々に、池田の悪業の実体を知らせ、それを糾弾《きゅうだん》するために、宗門は「池田大作」と敬称を外《はず》して呼んでいるのです。

たしかに池田は、一時、日蓮正宗の信徒を代表する総講頭という立場にあ

り、また創価学会の目的に沿《そ》って日蓮正宗の教えを弘め、宗門の発展に力を尽《つ》くしてきたことも事実です。

しかし池田は、宗門に対して表面では恭順《きょうじゅん》を装《よそお》いながら、陰《かげ》では、宗門を支配し日蓮大聖人の仏法を自分の意のままに操《あやつ》ろうと謀《はか》っていました。まさしく池田は、御法主上人から任命された総講頭の地位を悪用《あくよう》して「宗門乗っ取り」を画策《かくさく》していたのです。これこそ恩を仇《あだ》で返す「忘恩《ぼうおん》の徒《と》」「不知恩《ふちおん》の者」というべきです。

このような池田に、敬称をつける必要がないことは当然です。

なお、創価学会は御法主上人のお名前を呼び捨てにしていますが、いかなる理由があろうとも、日蓮大聖人を御本仏《ごほんぶつ》と仰いで信仰する者が、宗祖大聖人以来の血脈を承継《しょうけい》される御歴代上人を呼び捨てにして、誹謗中傷《ひぼうちゅうしょう》を加えるなどという、大逆罪《ぎゃくざい》を犯《おか》した例は、かつて一度もありません。その意味でも池田大作の言動《げんどう》は、未曾有《みぞう》の大謗法《だいほうぼう》なのです。

三、池田先生を総講頭の職から罷免したのは「猊下の嫉妬」によるのではないか

あなたは「総講頭の罷免《ひめん》」といっていますが、「罷免」とは「役職を辞《や》めさせること」であり、宗門は池田大作を罷免したのではありません。実際は、明確でなかった総講頭・大講頭などの任期に関する宗規《しゅうき》の一部改正による一時的な資格喪失《しかくそうしつ》だったのです。このときの対象者《たいしょう》は池田大作一人ではなく、ほかにも創価学会幹部十二名、法華講幹部二名が資格を喪失しています。

もしこのとき、池田大作が宗門からの教導《きょうどう》に随順《ずいじゅん》し、正しい信仰を貫《つらぬ》く心に戻《もど》っていたならば、再び総講頭に就任《しゅうにん》する道も開かれていたのです。

にもかかわらず、このとき創価学会幹部は、全国の会員に向かって、「先生が総講頭を辞めさせられたのは猊下《げいか》の嫉妬《しっと》によるものだ」と大々的に宣伝《せんでん》し

ました。そして、聖教新聞の報道や各種会合において、「男の嫉妬は女以上」「坊主のやきもちは、まっ黒け」などの暴言《ぼうげん》を繰《く》り返したのです。学会問題が起きて間《ま》もない時期、何が起きたのかよく分からなかった学会員には、この指導は強烈《きょうれつ》な印象《いんしょう》を与《あた》えました。

しかし、「猊下の嫉妬…」の指導は、創価学会問題の原因《げんいん》が池田大作の憍慢《きょうまん》謗法《ほうぼう》にあることを隠《かく》すために、創価学会が無理《むり》やり作り上げたデマなのです。

そもそも、日顕上人が、池田大作や創価学会に対して「やきもち」を焼く理由がどこにあるのでしょうか。

もし、池田大作が外国から称号《しょうごう》や勲章《くんしょう》をもらっていることに対して、日顕上人が嫉妬したというならば、あなたは僧侶の意義をまったく理解していないというべきです。

僧侶が得度《とくど》するとき髪《かみ》をそり落としますが、これは、俗世間《ぞくせけん》の名誉や地位・財産などへの執着《しゅうじゃく》を捨て去って、仏の教えに生きることを意味します。釈尊《しゃくそん》は、一国の王位《おうい》に就《つ》くべき身を捨《す》てて出家し、悟《さと》りを求めて修行の道に入りました。

日蓮大聖人は、佐渡《さど》から帰られて間もない文永十一年四月八日、鎌倉幕府《ばくふ》の権力者・平左衛門尉頼綱《へいのさえもんのじょうよりつな》から鎌倉の地に堂舎《どうしゃ》を寄贈《きぞう》する替《か》わりに幕府の安泰《あんたい》を祈念してほしいとの申し出がありましたが、これを断《ことわ》り、身延《みのぶ》の山奥に隠棲《いんせい》されました。

日興上人以来、「釈尊五十年の説法」と「日蓮一期《いちご》の弘法《ぐほう》」を継承《けいしょう》される御法主上人は、世俗の名誉や地位など、はるかに越《こ》えた「御法主」という御境界《きょうがい》におられるのですから、称号や勲章にうつつを抜《ぬ》かす池田大作に対して嫉妬などするわけがないのです。

また創価学会では、「池田先生のほうが人間的に立派《りっぱ》なので、日顕（上人）が嫉妬して先生の失脚《しっきゃく》をもくろんだ」などとも吹聴《ふいちょう》しているようですが、これはまったくの誤解《ごかい》であり、浅はかな考えです。

御法主上人は、毎朝の丑寅勤行《うしとらごんぎょう》において、一切衆生の幸福と広宣流布を御祈念《きねん》され、正法流布のために我が身を顧《かえり》みず慈悲《じひ》の御教導《きょうどう》に専念《せんねん》されているのです。したがって、正法の信徒が社会的に高い評価《ひょうか》を得《え》、人間的に立派に成長することを、もっともお喜びになるのは御法主上人なのです。

かりに、池田大作が清浄《しょうじょう》な信徒であり、社会的評価も高く、人間的にも立派な人物であったなら、それこそ御法主上人は池田大作を信頼し、宗門発展と正法広布のために尽力《じんりょく》するよう、さらに大きな使命と役割《やくわり》を与《あた》えられたに違いありません。誰が考えても、宗門発展に貢献《こうけん》する人はもちろん、いかなる人に対しても御法主上人や僧侶がやきもちで失脚をもくろむはずがないのです。

四、宗門は「法主本仏論・法主絶対論」を主張しているのではないか

日蓮正宗には、初めから「法主本仏論《ほっすほんぶつ》・法主絶対論」などはありません。これらはすべて、創価学会が宗門を誹謗《ひぼう》するために捏造《ねつぞう》した理論《りろん》です。

創価学会は、

「日顕（上人）は平成9年（1997年）8月、本山での坊主の集まりで『法主は生身《しょうしん》の釈迦《しゃか》日蓮であるから、誹謗すると地獄《じごく》に堕《お》ちる』などと述べている」（大白蓮華　平成十四年八月号一〇九ジペー）

といって、あたかも日顕上人が「法主本仏論・法主絶対論」を主張したかのように喧伝《けんでん》しています。

しかし、創価学会が日顕上人の発言として取り上げている部分は、平成九年の教師講習会で、法詔寺《ほうしょうじ》日感《にちかん》師が信徒に宛《あ》てた書状を日顕上人が紹介し、

読み上げられたものであり、日顕上人御自身の御発言として仰《おお》せられたものではないのです。

日感師はその書状の中で、

「大石寺事《こと》は金口《こんく》の相承《そうじょう》と申す事候《そうらい》て、是《こ》の相承を受くる人は学不学によらず、生身の釈迦日蓮と信ずる信の一途《いっと》を以《もっ》って、末代《まつだい》の衆生に仏種《ぶっしゅ》を植えしむる事にて御座候《ござそうろう》」（続家中抄《ぞくけちゅうしょう》　聖典七六五ジペー）

と述べています。ここで日感師は、御法主上人の御内証《ないしょう》には、御本仏日蓮大聖人の法脈《ほうみゃく》がそのまま流れており、その御内証を「生身の釈迦日蓮と信ずる」ことが本宗信仰の肝要《かんよう》であると説いているのです。

この日感師の言葉は、日蓮大聖人の『百六箇抄《ひゃくろっかしょう》』の、

「上首已下《じょうしゅいげ》並びに末弟等異論《まっていらいろん》無く尽未来際《じんさい》に至《いた》るまで、予《よ》が存日《そんじつ》の如《ごと》く、日興が嫡々付法《ちゃくちゃくふほう》の上人を以て総貫首《そうかんず》と仰《あお》ぐべき者なり」（御書一七〇二ジペー）

との御教示や、『御本尊七箇相承《しちかそうじょう》』の、

「代代の聖人《しょうにん》悉く《ことごと》日蓮なりと申す意《こころ》なり」（聖典三七九㌻）

との御教示にもとづいたものにほかなりません。

創価学会は、御法主上人の御内証に随順《ずいじゅん》するという本宗の教義信仰を、ありもしない「法主本仏」「法主絶対」にこじつけているのです。

また、御内証に「生身の釈迦日蓮」の尊《とうと》い命が流れている御法主上人を誹謗する者が、無間地獄《むけんじごく》に堕《お》ちることは当然です。このことを日感師は、

「若《も》し身の能徳《のうとく》を以《も》って貫主《かんず》と定《さだ》めば学者を信じ非《ひ》学者を謗《ぼう》して仏種を植《う》えざるのみならず、謗法《ほうぼう》の咎出来《とがしゅったい》して無間地獄に入り候わんこと云云」

（聖典七六五㌻）

と述べているのです。

この日感師の文言《もんごん》のどこが法義《ほうぎ》的に間違《まちが》っているというのでしょうか。

日顕上人は、常に日蓮正宗の僧俗に対して、御本仏は日蓮大聖人であり、その御当体《とうたい》にましますす本門戒壇《かいだん》の大御本尊への信仰を深めるよう御指南《しなん》あそ

ばされています。

そもそも、日蓮大聖人の仏法を、代々の御法主上人を経《へ》て継承《けいしょう》されたお立場にあられる日顕上人が、血脈根源《こんげん》の師《し》である日蓮大聖人を差《さ》し置《お》いて、「自分は本仏である」とか「法主は絶対である」などといわれるはずがないではありませんか。

しかも、このときの講習会において、日顕上人は、

「私はけっして日顕が、日蓮大聖人様だなんて、一遍《いっぺん》も言ったことはない」

と明言されているのです。

むしろ、池田大作を「永遠《えいえん》の指導者」といって、教祖《きょうそ》に祭《まつ》り上げている創価学会こそ、「池田本仏」「池田絶対」を唱《とな》える邪教《じゃきょう》集団というべきなのです。

五、宗門では「法主は大御本尊と不二の尊体である」といっているが、これは謗法の論ではないか

あなたの質問は、平成三年七月に宗門が創価学会に対して教導《きょうどう》した『能化《のうけ》文書《ぶんしょ》』の一部分を曲解《きょっかい》したところから出てきたものと思います。

その文書には、

「本宗の根本は、戒壇《かいだん》の大御本尊と唯授一人血脈付法《ゆいじゅいちにんけちみゃくふほう》の御法主上人でありま す。具体的《ぐたいてき》には、御法主上人の御指南《しなん》に随従《ずいじゅう》し、御本尊受持の信行《しんぎょう》に励《はげ》むことが肝要《かんよう》です。なぜならば、唯授一人の血脈の当処《とうしょ》は、戒壇の大御本尊と不二《ふに》の尊体《そんたい》にましますからであります。したがって、この根本の二つに対する信心は、絶対でなければなりません」（大日蓮　平成三年九月号八七ジペー）

とあります。

創価学会は、この文書にある「血脈の当処」と「御法主上人」とを宗門がただちに、まったく同じものと主張しているかのように言い掛《が》かりをつけています。しかし、この創価学会の言い掛かりは、内証《ないしょう》と外用《げゆう》を、悪質《あくしつ》な作意《さくい》をもって混同《こんどう》させたことによるものです。

「唯授一人の血脈の当処」とは、宗祖日蓮大聖人から第二祖日興《にっこう》上人に唯授一人の血脈をもって相伝《そうでん》された仏法の一切がましますところであり、それは代々の御法主上人にそのまま伝えられています。この「血脈の当処」こそ、歴代法主上人が御本尊を御書写《しょしゃ》される御境界《きょうがい》であり、御法主上人の御内証と拝すべきなのです。

かつて第六十六世日達上人は、

「大聖人様が広宣流布の時の大導師《どうし》日目上人様として、第三代を継《つ》いで現われたのが猊座《げいざ》であります。（中略）そこが大聖人様のお席《せき》である。だから大聖人様は、あの席に常に生《うま》れ替《かわ》っている」（達全二―三―三二〇ペ̄ジ）

と御法主上人の御内証について御指南あそばされる一方で、

「法主が大聖人様の代わりだと、即座《そくざ》にこういうことを言うと、外から非難《ひなん》されますから、よくその点に注意していただきたい」(達全二―五―四五一ジペー)

と、法主上人の外用《げゆう》についての御教示をされています。

日顕上人も、

「たしかに本宗信徒の立場からは、歴代《れきだい》法主の内証を大聖人様と拝《はい》することが、信仰上、大切でありますが、そこには三宝《さんぼう》における内証と外用等の甚深《じんじん》の立て分け、筋道《すじみち》があるのです。(中略)しかし、それと学会が論難《ろんなん》する『法主即《そく》大聖人』や『法主本仏』などとは、筋道《すじみち》も意義《いぎ》も異《こと》なるのであり、そのようなことは全く宗門には存在しておりません」

(仏法破壊の邪難を粉砕す二四五ジペー)

と、三宝における内証と外用の立て分けについて御指南されています。

これらのことからも、あなたの質問は、創価学会の曲解《きょっかい》と捏造《ねつぞう》に影響《えいきょう》されたものというべきです。

六、宗門では「法主に誤りはない」というが、法主にも間違いがあるのではないか

創価学会では、日興上人の『遺誡置文《ゆいかいおきもん》』の、

「時《とき》の貫首《かんず》たりと雖《いえど》も仏法に相違《そうい》して己義《こぎ》を構《かま》へば之《これ》を用《もち》ふべからざる事《こと》」

（御書一八八五ﾍﾟｰｼﾞ）

の御文を挙《あ》げて、「貫首（法主）も仏法に違背《いはい》して己義を構えることがあると、日興上人が予見《よけん》していた」と主張しています。

しかし、日蓮大聖人の仏法の一切を継承《けいしょう》された御法主上人が、日蓮大聖人の教えに違背する過《あやま》ちなど、犯《おか》すはずがないのです。

日達上人はこの『遺誡置文』の御文について、「血脈《けちみゃく》を受けてその法門に従《したが》って、そして法門の正邪《せいじゃ》を決めるのは貫首ではないですか。だから、貫首が己義を構《かま》えると考える人はとんでもない考えの人です。それでは血脈相承《そうじょう》を受けてない人ということになってしまいます。血脈相承によってご法門を解釈《かいしゃく》していくのでありますから、少しも己義を構えるということはないわけであります」（達全二―七―三四二㌻）と仰せられています。この日達上人の御指南《しなん》を拝《はい》しても、創価学会の解釈が誤《あやま》っていることは明らかです。

また、創価学会では、第十七世日精《にっせい》上人に対して、「造仏《ぞうぶつ》論を主張した法主」「教義的に間違いを犯《おか》した法主」などと誹謗《ひぼう》していますが、日精上人に謗法《ほうぼう》があったということはまったくありません。

日精上人への誹謗に対する破折《はしゃく》は〈本章二十五項目三二二㌻〉を参照《さんしょう》してください。

なお、日興上人の『遺誡置文』には、

「衆義《しゅうぎ》たりと雖《いえど》も、仏法に相違《そうい》有らば貫首之を摧《くじ》くべき事」
（御書一八八五ページ）

とあり、いかに多くの人々が決めたことであっても、貫首（御法主上人）が血脈相伝のうえから誤《あやま》りであると判断した場合には、それを摧くべきことを御教示されています。

現在、「法主にも誤りはある」などといって、御法主上人を誹謗し、数をたのんで血脈相伝の仏法を破壊《はかい》しようとする創価学会の謀議《ぼうぎ》こそ、摧かれるべき衆義なのです。

七、宗門では「御書部分論」を主張しているが、大聖人の仏法はすべて御書に明かされているのではないか

創価学会は「(宗門が)御書は大聖人の仏法の一部分を明らかにしたものにすぎず、全部を受け継《つ》いでいるのは法主だけである」といって、あたかも宗門が御書部分論なるものを主張しているかのように言い掛《が》かりをつけています。

しかし、宗門が「御書部分論」なるものを主張したことは、まったくありません。「御書部分論」という名称《めいしょう》は、創価学会が勝手に作り出したものです。日蓮正宗において、御本仏大聖人の御書が宗義《しゅうぎ》の根幹《こんかん》をなす最重要書《さいじゅうようしょ》であることはいうまでもありません。

第二祖日興上人は、後代《こうだい》の弟子に対して、

「当門流《とうもんりゅう》に於《お》いては御抄を心肝《しんかん》に染《そ》め極理《ごくり》を師伝《しでん》し云云」
（日興遺誡置文　御書一八八四ジペー）

と仰せられ、日蓮大聖人が著《あら》わされた御書を心肝に染め、法義の極理を師弟《してい》相対《そうたい》によって会得《えとく》すべきことを教誡《きょうかい》されています。

すなわち、御書の深義《じんぎ》を正しく拝していくためには、極理の師伝である唯《ゆい》授一人《じゅいちにん》の血脈相伝《けちみゃくそうでん》にもとづかなければならないのです。

日蓮大聖人は唯授一人の血脈相伝について、『御義口伝《おんぎくでん》』に、

「秘《ひ》すべし秘すべし唯授一人の相承なり。口外《こうがい》すべからず」
（御書一七九六ジペー）

と御教示《きょうじ》されています。

また第二十六世日寛《にちかん》上人は、『寿量品談義《じゅりょうほんだんぎ》』に、

「今二十四代伝《つたえ》て大石の精舎《しょうじゃ》にあり金口《こんく》の御相承切紙《きりがみ》相承其《そ》の外《ほか》種々の御相伝有《あ》るげにありと云云」（富要一〇―一二五四ジペー）

と仰せられ、日蓮大聖人の仏法の奥義《おうぎ》は、唯授一人の血脈相承によって伝えられていると御指南されています。

創価学会は、御書さえあれば日蓮大聖人の仏法はすべて理解できると主張していますが、他門の日蓮宗も大聖人の御書を拝読していながら、邪義異説《じゃぎいせつ》を唱えています。これは相伝がないからです。したがって、創価学会が「御書さえあれば相伝などいらない」と主張することは、日蓮大聖人や御歴代《れきだい》上人の御教示に背《そむ》く、浅識《せんしき》・憍慢謗法《きょうまんほうぼう》というほかはありません。

創価学会が、宗門に対して「御書部分論を唱えている」といって誹謗《ひぼう》するのは、唯授一人の血脈相伝に背《そむ》く自分たちを、正当化《せいとうか》するための詭弁《きべん》にすぎないのです。

八、宗門では「信心の血脈は枝葉」「法体の血脈こそ根本」として、「信徒の成仏は法主によって決まる」と主張しているのではないか

宗門では、「信心の血脈《けちみゃく》は枝葉《えだは》である」などと主張したことはありませんが、血脈《けちみゃく》に「法体《ほったい》の血脈」と「信心の血脈」の立て分けが存在するということは日蓮正宗における不変《ふへん》の教義《きょうぎ》です。

創価学会でも以前、『生死一大事血脈抄《しょうじいちだいじけちみゃくしょう》』に説かれる血脈について、

「もとより血脈には、唯授一人《ゆいじゅいちにん》の別《べっ》しての法体の血脈と、総《そう》じての信心の血脈とがあり、ここで仰せられているのは、総じての信心の血脈であることはいうまでもない」（学会版御書講義三〇上―三二㌻）

と解釈《かいしゃく》していました。

にもかかわらず、現在の創価学会は、「唯授一人の法体の血脈」を否定《ひてい》して

「信心の血脈」のみで良《よ》しとする血脈論を主張していますが、これは大聖人の御教示に背《そむ》く大謗法《ほうぼう》の論です。

「法体の血脈」とは、日蓮大聖人が末法万年《まっぽうまんねん》の一切衆生《しゅじょう》を成仏に導《みちび》くために、仏法の奥義《おうぎ》すなわち本門戒壇《かいだん》の大御本尊を日興上人お一人に相伝された唯授一人の血脈をいいます。この唯授一人の血脈は、日興上人から日目上人、さらに日道上人へと伝えられ、現在、第六十八世日如上人へと伝えられています。

この唯授一人の血脈に随順《ずいじゅん》し、本門戒壇《かいだん》の大御本尊を無二《むに》に信ずる人に流れかようのが「信心の血脈」です。したがって、唯授一人の血脈を離《はな》れて「信心の血脈」はありませんし、衆生個々《ここ》の成仏は、この信心の血脈が流れることによって初めて叶《かな》うのです。

また、宗門では「信徒の成仏は法主《ほっす》によって決まる」などと主張したことは一度もありません。

日蓮正宗の教えは、唯授一人の血脈に随順し、本門戒壇の大御本尊を信じなければ成仏は叶わないというものです。

したがって、創価学会の言い分は日蓮正宗の教義信仰を故意《こい》に歪曲《わいきょく》し、いかにも御法主上人が、権威《けんい》をもって信徒を抑圧《よくあつ》しているかのように見せかけるための悪宣伝《あくせんでん》なのです。

創価学会員への折伏教本　分冊版 ⑤
創価学会を脱会しよう！

平成27年1月16日 初 版 発 行

編　纂　　折 伏 教 本 編 纂 委 員 会
発　行　　日　蓮　正　宗　宗　務　院

発行所　　株式会社　大　日　蓮　出　版
　　　　　静岡県富士宮市上条546番地の1

印　刷　　株式会社 き う ち い ん さ つ

ISBN 978−4−905522−32−4